Zhongguo Wenhua
Zhishi Duben

中国·文化知识读本

峨眉山

吉林出版集团有限责任公司
吉林文史出版社

主编
金开诚

编著
王忠强

图书在版编目（CIP）数据

峨眉山 / 王忠强编著. —— 长春：
吉林出版集团有限责任公司：吉林文史出版社，2009.12　（2023.4重印）
（中国文化知识读本）
ISBN 978-7-5463-1676-5

Ⅰ．①峨… Ⅱ．①王… Ⅲ．①峨嵋山－简介 Ⅳ.
①K928.3

中国版本图书馆CIP数据核字(2009)第236898号

峨眉山

EMEISHAN

主编/ 金开诚　编著/王忠强

项目负责/崔博华　责任编辑/曹　恒　崔博华

责任校对/梁丹丹　装帧设计/曹　恒

出版发行/吉林出版集团有限责任公司　吉林文史出版社

地址/长春市福祉大路5788号　邮编/130000

印刷/天津市天玺印务有限公司

版次/2009年12月第1版　印次/2023年4月第3次印刷

开本/660mm×915mm　1/16

印张/8　字数/30千

书号/ISBN 978-7-5463-1676-5

定价/34.80元

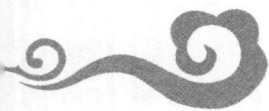

前　言

　　文化是一种社会现象，是人类物质文明和精神文明有机融合的产物；同时又是一种历史现象，是社会的历史沉积。当今世界，随着经济全球化进程的加快，人们也越来越重视本民族的文化。我们只有加强对本民族文化的继承和创新，才能更好地弘扬民族精神，增强民族凝聚力。历史经验告诉我们，任何一个民族要想屹立于世界民族之林，必须具有自尊、自信、自强的民族意识。文化是维系一个民族生存和发展的强大动力。一个民族的存在依赖文化，文化的解体就是一个民族的消亡。

　　随着我国综合国力的日益强大，广大民众对重塑民族自尊心和自豪感的愿望日益迫切。作为民族大家庭中的一员，将源远流长、博大精深的中国文化继承并传播给广大群众，特别是青年一代，是我们出版人义不容辞的责任。

　　本套丛书是由吉林文史出版社和吉林出版集团有限责任公司组织国内知名专家学者编写的一套旨在传播中华五千年优秀传统文化，提高全民文化修养的大型知识读本。该书在深入挖掘和整理中华优秀传统文化成果的同时，结合社会发展，注入了时代精神。书中优美生动的文字、简明通俗的语言、图文并茂的形式，把中国文化中的物态文化、制度文化、行为文化、精神文化等知识要点全面展示给读者。点点滴滴的文化知识仿佛颗颗繁星，组成了灿烂辉煌的中国文化的天穹。

　　希望本书能为弘扬中华五千年优秀传统文化、增强各民族团结、构建社会主义和谐社会尽一份绵薄之力，也坚信我们的中华民族一定能够早日实现伟大复兴！

目录

一、峨眉山地理概况

峨嵋山"高凌五岳"，登峰极目远眺，云海茫茫

　　素有"雄秀西南"之美誉的峨眉山，巍峨磅礴，峰峦叠嶂、沟深壑险，绿荫繁茂，云雾缭绕，山山有奇景，十里不同天，以"雄""奇""秀""险"而驰名中外，雄踞中国名山之列，并成为其中的佼佼者。

　　峨眉之雄　唐代诗人李白有诗云："蜀国多仙山，峨眉邈难匹。"峨眉山在四川盆地西南边缘平地拔起，它高大的形体，雄伟的气势，给人以巨大的震撼。峨眉山主峰为金顶，群峰并峙，绝壁凌空，刚劲挺拔，气势雄伟壮观。最高峰万佛顶海拔 3099 米，相对高差近 2600 米，与五岳中最高的华山相比，高出 1000 多米，所以历代称"高凌五岳"。

峨嵋山风景秀丽，享有"峨嵋天下秀"的美誉

登临金顶，极目远眺，或群山叠叠，或云海
茫茫，变幻无穷，令人心旷神怡。

　　峨眉之奇　峨眉山独特的地理位置，形
成了独特的自然环境和气候特征。峨眉山景
区内低云多雾，几乎一年四季都被云雾所笼
罩，雨量十分充沛，年平均雨天多达 263.5
天，是当地著名的"华西雨屏"，使峨眉山
呈现出如梦如幻的景致。峨眉山气温垂直变
化显著：有寒带（海拔 3047 米以上，年平
均温度为 3.0℃，极端最低温度为 -20.9℃）、
亚寒带（海拔 2200—3047 米，年平均温度
为 7.6℃）、温带（海拔 1200—2200 米，年平
均温度为 13.1℃）、亚热带（海拔 1200 米以

峨嵋山金顶风光

下，年平均温度为 17.2℃，极端最高温度为
38.3℃），峨眉山山上山下数公里的高差，使
得其平均温差竟达 15℃，所以有人说峨眉山
"一日有四季，十里不同天"。

峨眉之神　峨眉山是我国四大佛教名山
之一，普贤菩萨的道场，素来有"金五台，

银普陀，铜峨眉，铁九华'之说，"五台巍巍黄墙老，九华幽幽钟声传，普陀道场香火盛，峨眉古刹诵华严"，浓郁的佛教文化色彩使其笼罩在一片神秘的宗教氛围之中。诸多神话传说以及戏剧、诗歌、音乐、绘画、武术等的渲染与传番，使这座佛国仙山的神奇色彩更加虚幻莫测。

　　峨眉之秀　峨眉山处于多种自然要素交汇地区，植物垂直带谱明显，植物种类繁多，类型丰富，植被覆盖率高达 87% 以上。峨眉山素有"天然植物园"和"中药材宝库"之称。这里蕴藏着丰富的植物资源和完整的植被类型，保存有世界上亚热

在峨眉山顶观日落，别有一番意境

带山地最完好的原始植被景观，是世界上植物资源的重要宝库。在方圆154平方公里的范围内生长着高等植物三千二百多种，占中国物种总数的十分之一，其中包括世上稀有的珙桐、冷杉、水青树等，仅名贵的杜鹃花就有六十多个品种。每年3月至7月，从报国寺到金顶沿途之坡上，先后开满了杜鹃花，鲜艳夺目，花期特长。九龙洞至遇仙寺一带的珙桐是落叶乔木，4月开花，花白如鸽，有"活化石"之誉。在种类丰富的植物中，药用植物很多，有黄连、天麻、血藤、竹根七、峨参等，都是著名的药用植物。峨眉山还是多种动物栖息繁衍的乐园。峨眉

从峨眉山顶远望过去，云海翻腾，如入仙境

山有二千三百多种野生动物，仅蝶类就有二百八十多种。野生动物中有珍稀的大熊猫、小熊猫、黑鹳、短尾猴、白鹇鸡、枯叶蝶、弹琴蛙、环毛大蚯蚓等，与人同乐的峨眉山猴群尤为特别。洗象池一带的猴群，彬彬有礼，与人相亲，可谓"君子猴"；钻天坡一带的猴子却见人不惊，蛮横孔武，常常扶老携幼，向游人索食，可谓"强盗猴"；洪椿坪一带的猴子却衣食无忧，深居简出，可谓"隐士猴"。天下名山之秀，无出其右。明代诗人周洪谟有诗云："三峨之秀甲天下，何须涉海寻蓬莱。"

雄奇神秀的自然风光，完好的生态环

乘缆车穿梭在云海丛林之间，感受峨眉山的雄奇壮美

境和源远流长的历史文化，在峨眉山集于一身，有机地融合。峨眉山承天地之滋养，沐日月之精华，钟万物之灵秀，古来聚仙聚佛，正所谓以佛名山，又以山名佛，不然怎么会有峨眉山之美？时至今日，虽山中风物多有损毁，但古寺名刹均修葺一新，年年时节将至时，便见香客如龙，游人如雨，普贤道场香火不衰，盛况空前，这更为峨眉山增添了神奇的魅力！

二、峨眉山的美丽传说

峨眉山之春

（一）峨眉山名字的来历

古时候峨眉山包括大峨山、二峨山、三峨山，亦称大峨山、中峨山（又名绥山、覆蓬山）、小峨山（又名铧刃山）。现在的峨眉山专指大峨山，不再包括二峨山和三峨山。其外又有四峨山，清同治《嘉定府志》载："大峨直北为四峨山，亦名花山。"在今峨眉山之北。而乐山民间又指位于沙湾区三峨山东与三峨山相连之山为四峨山。

目前见到最早出现"峨眉"字样的是西汉辞赋家扬雄的《蜀都赋》，文中云："南则有犍、牂、嬗、夷、昆明、峨眉。"《华阳国志·蜀志》载有："西奄峨、嶓"，简称作"峨"。关于它的名字因何而得，解释者多多。第一种说法是西晋张华《博物志》所记"南安县西百里有牙门山""山如修眉横羽"，亦写作"伢门山"，意为"我们的山"，因"牙门"与"峨眉"古音相近，后来逐渐转化为"峨眉山"，故峨眉山为古蜀语的对译。第二种说法是写作"娥眉"，为古代女子的代称，娥者好也，为"细而长，美而艳"的美好之意，故又释为"娥媚"。北魏郦道元在《水经注》中言："去成都千里，然秋日清澄，望见两山相对如娥眉焉。"《峨眉县志》形容此山："云鬟凝翠，鬓黛瑶妆，真如蟒首蛾眉，细而长，美而艳也，故名峨眉山。"后人将"娥"改为"峨"。峨眉山因此而得名。第三种说法是山名取义于山形似蛾眉，蛾字当从"虫"，而不应从"山"，即蛾眉山也。最后一说是晚清赵熙在《九老洞碑记》中说峨眉当从水旁，即为"涐湄"。

关于峨眉山的四座山巅，还有一个古老的传说：据说很早以前，峨眉县城西门外有一西坡寺，一年来了一位白发苍苍的画家，在寺内小住些时日，与寺内一和尚谈得投机，友情与日俱增。一天，画家要告别离去，欲给和尚食宿费用，和尚坚辞不收。画家遂想起和尚爱画，于是提笔为和尚画了四幅画，

峨眉山普贤菩萨道场

峨眉山的美丽传说

峨眉山是我国四大佛教名山之一

每一幅上都是一个美丽的姑娘。第一幅的姑娘绿衣绿裙，头披白色纱巾；第二幅的红衣红裙，披绿色纱巾；第三幅的蓝衣蓝裙，披黄色纱巾；第四幅的黄衣黄裙，披红色纱巾。四位姑娘个个美若天仙，而古时称美女为娥眉，所以画家给四幅画取名为《娥眉四女图》。画家把画送给和尚，告诉他过七七四十九天后再拿出来挂。

画家走后，和尚每日拿着画把玩不已，

最后终于提前把画挂在客堂里。一日，他从外面回来，见四个美女在屋中嬉笑。和尚觉得奇怪，又觉得她们似乎都很面熟，于是问她们："你们几个姑娘是来游庙还是拜佛呀？"四个姑娘见和尚回来了，也不回答，转身笑着往外跑。这时，和尚看到墙上四幅画中的美女都不见了，于是恍然大悟，跑出去追她们。三个姐姐跑得快，把四妹落在后面，回身看到妹妹已经被和尚抓住了裙角，四妹大呼"救命"，三个姐姐见状骂和尚："这和尚真不害羞！"四妹因为隔得远，没有听真切，只听得"不害羞"三字，误以为姐姐们在骂她，羞得

峨眉山金顶

峨眉山的美丽传说

满脸绯红，无地自容，便立刻变成一座山峰。三个姐姐见四妹变成一座山，也变成三座山，依傍在她身旁。而那痴心的和尚见姑娘变作山峰也不放弃，决意守在山旁，后来就死在那里，变成了瓷罗汉。后来，人们在那里修了个庙，就叫"瓷佛庙"。

这个算不得新颖别致的古老传说，却为峨眉四峰平添了几分灵性。静心冥想，似乎还能感到她们的笑声在山间萦绕，而山中的流云瀑布、奇花异木就如仙女们的美艳衣裙。

（二）峨眉第一人

峨眉山绵延百里，峰峦起伏

陆通为春秋时楚国人。因为对时政很失望，因而他装疯卖傻，不愿向楚王称臣。当时，到各国游说的孔丘带着门徒从陈国来到楚国的边城负函（今河南信阳），希望得到楚王的召见。楚王本来想重用孔丘，却被心生妒意的大臣阻挠，楚王一时难以取舍。孔丘一行闷在边城驿馆之中，进退两难。一天，陆通来到驿馆门前，高唱"凤兮，凤兮"的歌，孔丘感到歌词有讥讽之意，很想和陆通作推心置腹的交谈。陆通却旁若无人，扬长而去，引起围观的人一阵哄笑，让孔丘十分尴尬。楚王听说以后十分惊喜，便派使臣带着黄金绫罗，用马

峨眉山石刻

四川剑门蜀道

车去迎请陆通，说要委派他治理江南一带的大片领地，不料陆通一口回绝。楚国使臣离开后，陆通为了免遭楚王报复，带着妻子离开了郢城，沿着长江逆流而上，穿越艰险的蜀道，来到了风光秀丽的峨眉山。夫妻俩在峨眉山一块平坦的凤嘴石上搭起茅棚，住了下来。他们就是有史料记载的峨眉山中第一位山民。因此，后人把陆通视为峨眉山的"山神"。放浪形骸、漠视权贵的楚狂，最终选择了峨眉山作为归隐地，在此后千百年里，引发多少追思之人。唐代诗人陈子昂到峨眉山，作《感遇》组诗："浩然坐何慕，吾蜀有峨眉。念与楚狂子，悠悠白云期……"李白还时常把自己比作陆通："我本楚狂人，凤歌笑孔丘……"明弘治年间，督学王敕把凤嘴石改为歌凤台。清代，峨眉城南建峨神庙、镌碑"峨山之神"，以祭祀楚狂。

（三）奇妙弹琴蛙

陈子昂像

传说万年寺的广浚和尚琴弹得非常好，那琴声柔和时，如松涛细语；急促时，似百鸟争鸣；舒缓时，如行云流水；洪亮时，又如寺钟共鸣。每当广浚和尚弹琴的时候，周围树林里的山雀、池塘里的青蛙，都停止了鸣叫，静听这悠扬的琴声。一天黄昏，广浚和尚正弹着琴，忽然看见一个身穿绿色衣裙的姑娘倚在门外听琴。和尚感到很奇怪，问她是谁。姑娘害羞地答道："我家就在寺旁，自幼喜欢弹琴。今天是师父的琴声把我引来了。"从此以后，和尚每次弹琴，绿衣姑娘就来听琴，有时也带着琴来请师父指点。广

弹琴蛙

浚和尚去世了，绿衣姑娘也不再来了。但每当黄昏的时候，庙里和尚仍然听到毗卢殿后面有悠扬的琴声传来。有一次，当琴声悠扬的时候，和尚们悄悄地隔窗窥视，见一绿衣姑娘端坐抚琴，指法韵律，略似广浚，不禁发出赞美之声，姑娘惊起急避，跃入池中。和尚们前往探视，却见水中一小青蛙在鸣叫，其声恰如琴韵。大家这才知道广浚和尚弹琴时，前来听琴的绿衣姑娘为青蛙所变，后人称这种蛙为"弹琴蛙"。

弹琴蛙是峨眉山一种无尾目动物，因

峨眉山弹琴蛙能发出一种似琴般悠扬的鸣叫声，因此得名

能发出一种悦耳的似琴声一样的声音，故名。弹琴蛙体色为浅灰色或土黄色，能随季节变化而变化。弹琴蛙在峨眉山主要分布在万年寺、观心坡、黑水寺、洪椿坪、大坪等地。只要留心，在万年寺的白水池中就能见到。

（四）名人流芳

早在春秋时期，峨眉山以有隐士在山中修道，被世人视为"仙山"。此后峨眉山上多有道士隐修。除了僧侣，峨眉山还吸引了历代的文人逸士。从春秋时的陆通到魏晋南北朝时的陆修静、宝掌、明果、慧持，从隋唐时的孙思邈、吕洞宾、慧通、陈子昂、李白到两宋时的范成大、陆游，明清的方孝孺、

王士祯到近现代的冯玉祥、郭沫若、赵朴初、邓小平……或遗墨宝，或留典故，为名山增辉添彩。

孙思邈与药王洞隋末唐初著名医药学家孙思邈（581—682 年），京兆华原（今陕西耀县）人，通老庄百家之学，尤精医药及阴阳、推步，常到山野采集药物，世称药王，著有《千金药方》和《千金翼方》。他两上峨眉山，寄住牛心寺。寺后山脚有一丹砂洞，洞口高 5 米、宽 2.7 米，洞深 5.35 米，洞壁赭色。清《峨眉山志》记载为："孙思邈炼丹洞也，药炉丹灶见存，岩石皆碎破，无草木，说者以为丹气熏蒸所致。"今洞内多碎石，

峨眉山牛心寺一景

峨眉山白水池

依然无草，洞壁犹留烟熏痕迹，与文献记载相符。北宋苏东坡有诗云："先生一去五百载，犹在峨眉西崦中。自谓天仙足宫府，不应尸解化虫虫。"牛心寺附近的淘米泉（亦称洗药泉），为孙思邈蒸炊洗药之泉水。如今山中还流传着许多孙思邈修道采药和炼丹的故事。

李白与白水池　唐开元十三年（725 年），25 岁的李白仗剑远游，从家乡绵州彰明县（今四川江油市）来到峨眉山，为"邈难匹"的仙山所倾倒，盘桓了半年之久。他与白水寺（今万年寺）住持广浚和尚成为好友，常在白水寺内白水池旁谈诗论经，饮酒对句。李白《听蜀僧浚弹琴》记录了此事："蜀僧抱绿绮，西下峨眉峰。为我一挥手，如听万壑松。客心洗流水，余响入霜钟。不觉碧山暮，秋云暗几重。"白水池畔曾挂"唐李白听广浚弹琴处"木匾，可惜今已不存。现在的白水池，长约8米，宽约7米，围以石栏。

白水池长映明月，亦称明月池。皎洁的峨眉山月令李白刻骨铭心，屡屡在诗文中咏吟之，最著名的要数传诵千古的"峨眉山月半轮秋，影入平羌江水流。夜发清溪向三峡，思君不见下渝州"。后人写峨眉，几乎没有不引用或化用这首诗的。其后三十年，李白又有《峨眉山月歌送蜀僧晏入长安》，其中"月

峨眉山万年寺白水池内的荷花

25 岁的李白仗剑远游，来到峨眉山，为其倾倒

出峨眉照沧海，与人万里长相随"，抒发心声，脍炙人口，诗中六次出现峨眉和峨眉月，一唱三叹，寄寓着"月是故乡明"的挚情。

开元十五年（727 年），旅居湖北安陆的李白，写下了著名的《静夜思》："床前明月光，疑是地上霜。举头望明月，低头思故乡。"李白在《代寿山答孟少府移文书》中自叙"近者逸人李白自峨眉而来"，他以峨眉代指蜀地。我们完全有理由认为这诗中勾起诗仙怀乡之情的明月，自然是指峨眉山的月亮。千百年来，这首诗牵动了多少游子的心！由于峨眉山在中国的显赫声名，理所当然地被人们用作四川的代名词。李白一生颠沛流离，浪迹江湖，每当他在外地思念家乡时，便要吟诵一番峨眉月。他是把峨眉山和峨眉月作为桑梓的代表来抒怀的。

北宋名画家孙知微曾久居白水普贤寺，其代表作《普贤行愿图》藏在寺中；苏轼游览峨眉山后，作了禅诗多篇；江南画僧为政在卧云寺狂草"双龙飞桥"四

峨眉山万山寺，宋时又名白水普贤寺

峨眉山享有"植物王国"的美誉

字；江西派首领黄庭坚在中峰寺静修，撰写《对青竹赋》《录菜赋》等文；南宋四大诗人之一的范成大在四川离任之前，曾带一批友人游历峨眉山。他是个喜爱山水的诗人，沿途细心观赏山中景物，题诗数十首，其中不少佳作，最为人称道的是他咏佛光的诗，这也是最早咏佛光的诗作。其《峨眉山行纪》，不仅文词精美，而且是一篇珍贵史料。

即使到了近代，也不乏名人留芳于峨眉。著名画家徐悲鸿游峨眉山时，为洪椿坪画《八

苏轼游览峨眉山后，留下禅诗多首

穿梭在林海中的单轨列车

哥图》一幅，为九老洞寺庙画的《达摩苇渡图》，至今珍存；享誉海内外的国画大师张大千，游峨眉山时曾作画多幅，他为接引殿方丈圣钦大师所绘《峨眉山水图》已成珍品；蒋介石最早于1935年到峨眉山举办军官训练团，并设立官邸（原址在今红珠山宾馆内）在此居住。抗战期间，蒋介石又曾多次来峨眉山消夏避暑。抗战结束后，蒋介石离开峨眉山抢夺抗战胜利果实，故素有"下山摘桃子"一说。1965年，陈毅上峨眉山视察

徐悲鸿《八哥图》

峨眉山险峰深涧

时，为万年寺老僧自制清茶取名"竹叶青"，
留下一段佳话。竹叶青茶得到陈毅嘉奖后，
不断改进工艺，扩大生产，成为绿茶中的

飞流直下三千尺，疑是银河落九天

竹叶青茶

竹叶青茶产自四川峨眉

峨眉山终年云雾缭绕，适宜茶树生长

极品。

　　传说固然美丽，而这高拔峻秀的群山并非仙女立地成山那样瞬息而就，而是经历了

峨眉山

三、峨眉山的地质奇观

峨嵋山经历数亿年的沧桑巨变，成为今天的样子

数亿年的沧海桑田！峨眉山的形成，要追溯到6亿年前的震旦纪时期。那时峨眉山一带还是一片汪洋大海，5亿年前的寒武纪时期，海底逐渐沉积了页岩、砂岩和石灰岩层，海水变浅。到了4亿年前的奥陶纪后期，地壳运动将岩层推向海面，从而形成了峨眉山的雏形。此后，峨眉陆地又沉入海中，直到7000万年前的白垩纪时期，它才又升出海面。在上升过程中，岩层发生褶皱、变形、断裂，形成了峨眉断裂带，又经漫长的风雨剥蚀、岩层运动，才使峨眉山以其巍峨雄秀的风姿伫立在中国的西南大地，它的地质奇观令世人倾倒。

现在国际通用的十三个地质纪，峨眉山拥有十个。它们层序完整，界限分明，被世界地质界公认为"地质博物馆"。构成峨眉山基座的，是分布广泛的8亿年前由于岩浆作用形成的峨眉花岗岩、2亿年前形成的峨眉玄武岩。这些岩石是构成山体的主要岩层，有8—1.8亿年前因浅海碳酸盐和滨海碎屑沉积而形成的石灰岩、白云岩、砂岩，有1.8亿—7000万年前在地质学上称作中生代、新生代时期形成的峨眉大背斜，有第四纪新构造运动形成的冰川地貌。不同年代的岩层相互交

峨眉山玄武岩是构成山体的主要岩层

错，或并肩为伍，或中断消失，或倾覆倒转。

峨眉山以丰富多彩的层岩、千姿百态的岩石、千差万别的地貌形态、特有的地质构造和世界上不可多得的标准剖面，向我们诉说着它的沧桑历史，展示着它从远古而来的天生丽质。

（一）麦地坪寒武纪剖面

邻近高桥镇的峨眉山外层山峰麦地坪地质剖面，1978年被国际地质科学联合会列为十个国际震旦系—寒武系界层型标准剖面之一，是研究这一时期地层藻类化石、潮坪沉积环境的理想剖面。其地质岩层为细晶白云岩、微晶白云岩、藻白云岩、鸟眼泥白云岩，

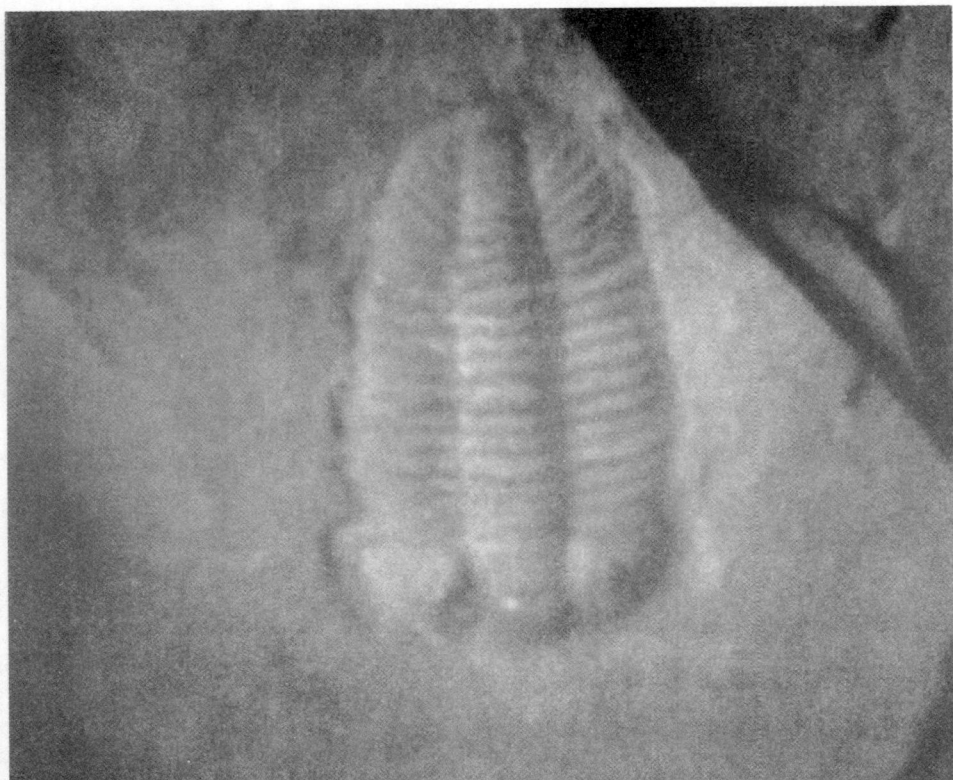

三叶虫化石

夹杂着硅质条和硅质层。5—4亿年前形成的藻叠层石、核形石、凝块石、葡萄石，层层相叠，层次明晰，出露清楚，间有软蛇螺和三叶虫的化石相嵌。从中可以窥见峨眉山在5亿年前左右的寒武纪时期，由于相邻地区的地壳变动涌来大量碎屑物，可以推断，那时的混沌海水中单纯的藻类王国是如何演化成软舌螺和三叶虫的快乐世界的。

沉积岩夹杂着动物化石，蕴藏着不可思

议的天然悲壮美。沉睡了数亿春秋的奇妙化石一旦重见天日，便成为魅力无穷的永恒风景。

（二）龙门洞三叠纪剖面

符汶河由西向东，穿过长约 5 公里、宽约 30 米的峨眉山东麓龙门峡。两岸数十米高的绝壁，完整地保留了三叠纪时期海陆运动形成的沉积型地质剖面。2 亿年前的白云岩造就了龙门胜景，一段数百米长的岩壁草木不生，镶嵌着许多上下走向的浅赭色线条，清晰地记录了三叠纪时期地质变动的情况。明显的水波纹构造中有虫迹、虫孔，看得见成岩玉溶作用的各种

龙门峡景色

缝合线，也能看到成岩作用形成的膏化白云岩和微晶白云岩，还有膏模、晶模、鸟眼和层叠石等沉积构造的特征，有的微晶岩中还印着鱼形痕迹。这里与波斯湾阿布扎比的萨布哈古环境十分相似，地质学家称之为"萨布哈相"。先后有英、美、德、日等二十多个国家的地质学家来这里考察。1964年四川省政府立碑保护。1981年被国际地质科学联合会确定为国际地质教学基地。

龙门峡河中心，大自然将白云岩雕出一条船来，灰中带赭，长约35米、宽约2.5米，经常露出水面的约2米，被当地农民称作"石船子"。僧人说是当年普贤菩萨运经书至

"石船子"

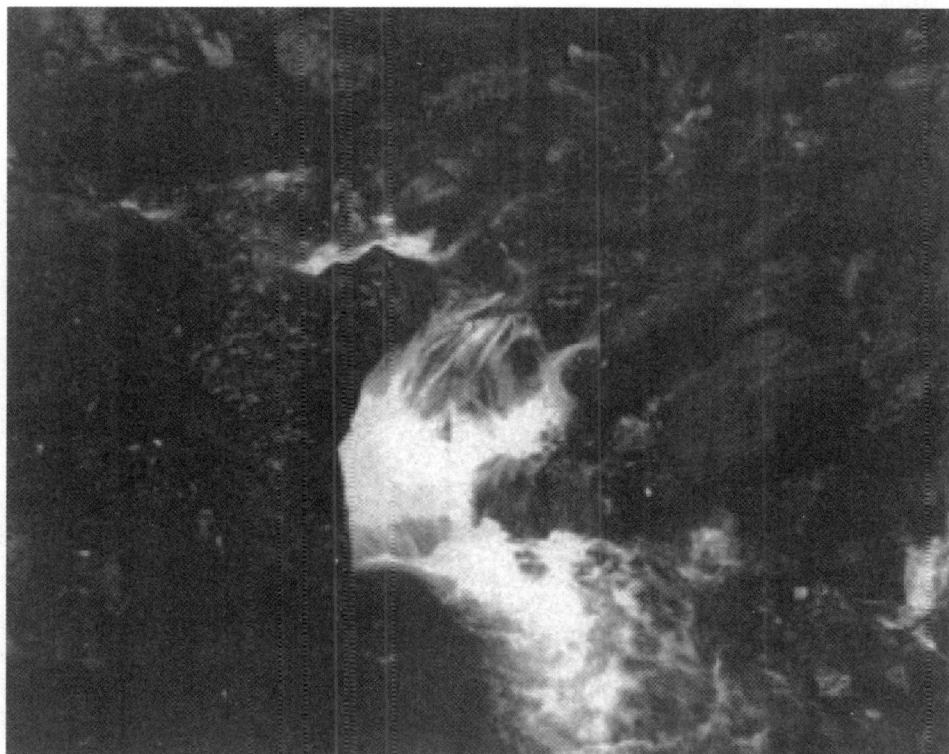

此，弃船上岸，点化成石，叫做"普贤船"。
明人在岩壁上刻"藏舟于壑"四字。

　　沉积岩缝中渗出的流泉千古不断，水
清味甘，一勺入口，沁人心脾，古人称作"神
水"。今称玉液泉，含有氡、硒、锶、碘、硼、
二氧化硅等微量元素，所制"峨眉雪"矿
泉水，1991年获香港国际食品博览会金奖。
与龙门峡相连的两河口一带，含氡的地下
温泉分布广泛，今辟有数处温泉洗浴场。

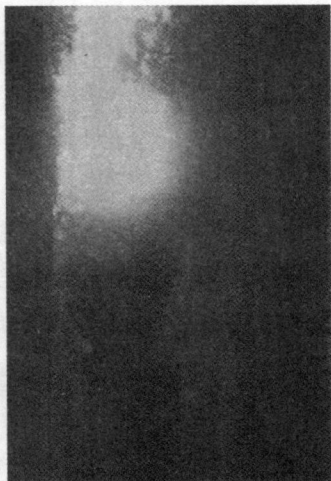

峨眉山"一线天"

（三）一线天沉积层

从清音阁沿黑龙潭西行1公里，只见两堵陡峭的岩壁夹江而峙，幽暗阴冥，仰天仅见一线，故称"一线天"，也叫白云峡。峡谷雄秀幽曲，泉水清凉纯净。

相距不过三五米的两壁天然剖面，是距今7000—6000万年前的燕山造山运动和喜马拉雅山运动的活档案。7000万年前，处于白垩纪时代的四川盆地，还是一片浩瀚的内海，突如其来的燕山造山运动，将峨眉山原来重叠了几亿年的整整齐齐的沉积岩层，拱凸撕扭得支离破碎，留下了众多峭峰陡壁、深壑断涧。从一线天头道桥邻近的断崖上，可以清楚地看到6—5亿年前的不同地层依序叠覆，也可以见到年代殊异的花岗岩与石灰岩犬牙交错。6000万年前的喜马拉雅造山运动再次排山倒海，将峨眉山扭曲拉裂。又经过不知多少万年的风雕雨蚀，裂出了白云峡狭窄的一线天，塑出了黑龙潭边七座状若竹笋的石笋峰，形成了凉风岗前和脚盆坝前的冰川遗迹"U"字形幽深狭谷。峭岩势欲倾，飞瀑添流韵，那地质奇观引出的山环水抱的优美自然景观，让人陶醉其中，流连忘返。

（四）舍身崖玄武岩

金顶东面的舍身崖（也写作摄身崖），崖顶距崖底700多米，与千佛顶、万佛顶相距约3000米，全由坚硬的玄武岩构成。远望，像一架硕大无比的青灰色屏风矗立于天地之间，那巍峨壮阔、雄浑沉稳的气势，似乎在向游人诠释着"壁立千仞，无欲则刚"的哲理。近看，则崖壁凸凹、怪石嵯峨，猿猴欲度愁攀援。

峨眉山玄武岩是我国地质学家赵亚曾于1929年命名的。它的形成期，在4亿年前的奥陶纪到2亿年前的二叠纪。那时地壳剧烈变动，将峨眉山的岩层推出水面，之后又

峨眉山"舍身崖"

峨眉山太子坪

沉入海底。一种与酸性花岗岩不同的基性熔岩，突破冈瓦纳大陆的地壳，浩浩荡荡地从西部奔腾到东方，在现今峨眉山的位置凝成玄武岩。有棱角分明的，也有圆滑的；有青灰的、暗绿的，也有黝黑的。金顶金刚嘴的柱节石、太子坪上面的天门石、洗象池后的金刚石、清音阁前的牛心石，都是中国扬子地台晚二叠纪玄武岩的典型代表。

（一）金顶四大奇观

四、峨眉山的风景名胜

金顶海拔 3077 米，峭壁千仞，气势磅礴，登临峰顶，顿感气象万千，心胸豁然开朗。由于这里集中了历代寺庙，所以人们往往将金顶称作主峰。顶上原有铜瓦殿、铁瓦殿、锡瓦殿和卧云庵等，现正殿为永明华藏寺，顶为铁瓦，殿后最高处原有一座铜殿，于日光下闪烁灿灿金光，金顶之名即得于此。两殿都毁于大火，现幸存的只有一块铜碑，而且保留完整。登临峨眉金顶，可以观赏到日出、云海、佛光、神灯四大奇观。

　　日出是峨眉金顶的一大景观，特别是云海的日出，景色十分瑰丽壮观。每当晴日清晨，天刚微明，站在舍身崖前，只看见银河

峨眉山观日出

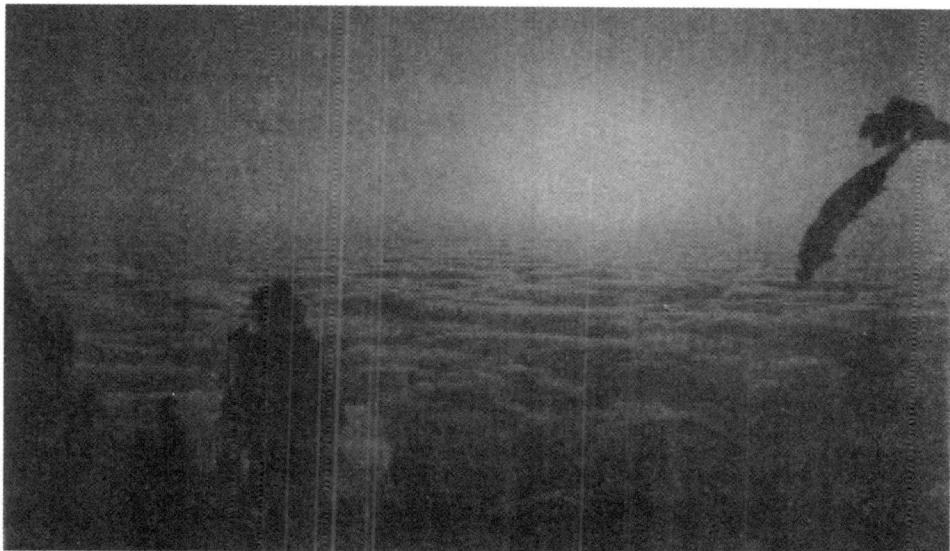

峨眉山云海

横陈，繁星点点，慢慢地山的东边天际由微白逐渐变成橙红色。那橙红色迅速扩展为无边无际起伏连绵的紫红祥云。远处起伏的流云有如波涛翻滚，汹涌澎湃。接着红日撩开面纱，渐渐伴随着古刹钟声从云海中喷薄而出，脱离云层，冉冉升起，万丈光芒顿时染红了山峦和大地。给金顶披上了一件金色的彩衣，大千世界呈现无限生机。远远望去，沐浴在金色之中的贡嘎、折多雪山明丽异常，让人心胸开阔。赵朴初曾咏赞道："天着霞衣近日出，峰腾云海作舟浮。"

峨眉金顶观云海，是一种欣赏，是一种享受。每当雨过天晴，深谷白云翻涌，弥漫于睹光台前，越积越厚，扩展开去，一望无际，如汪洋大海。故僧人称峨眉山为"银色世界"。又将云海与佛教相附会，称作"兜罗绵"。若是无风，三三两两的山峰顶破云层，宛若岛屿。微风徐来，云团轻舒，像慈航普度般缓缓飘移；如有大风，则如狂涛怒卷，惊心动魄。置身其中，有如涉险海岛，山峰犹如座座孤岛，只现出青葱的峰巅。脚下低云平荡，仿佛银涛翻滚，渺渺茫茫，光彩缤纷，应接无暇。伏虎寺里有陈毅元帅的联语："云卷千峰集，风驰万壑开。"舒卷开阖，大气磅礴。明人王世性的"云迷大壑觇龙气"，是何等的雄豪！

从峨嵋山金顶向远处望去只见白云翻涌，十分壮观

当阳光照射在峨眉山金顶上，使霞光四射，十分壮丽

峨眉山顶的佛光是一大奇观。佛光，古称"光相"，又称"金顶祥云"，它是"峨眉十景"之一。每当中午以后，太阳偏西，睹光台前白云平铺岩谷，在平平的云海上会出现明亮艳丽的、像彩虹一般的圆形光环，直径大约几米，颜色由外向内越来越

浓，外红内紫，虚明凝湛若镜。有时光环层层叠叠，正如宋代范成大在《峨眉山行纪》中吟咏道："金影叠彩印岩腹，非烟非雾染丹青；我与化人中共住，镜光觌面交相星。"游人若有幸遇上，会看到淡黄的圆圈中央摄入自己淡墨色的身影，举手投足，光影随动。如果多人同时遇到佛光，各人唯见圈中自己的影子而不见旁人。这种奇异现象，目前还没有科学的解释。

金顶佛光必在雨后天晴云层铺展在舍身崖前时出现。光环有大有小，有彩色的也有白色的，还有两环相套的。摄有人影的叫摄身光，浮于云上的叫清现，直径1米左右的

峨眉金顶山高云低，景色壮丽

称辟支光，再小的称童子光，七彩明艳的
谓金桥。能巧遇最难得的金桥，那真是三生
有幸。佛光出现的原理，与彩虹相同，那是
阳光从一定的角度射到云层而产生的折射现
象。当阳光受到云层深处水滴或冰晶的反射，
再穿越云雾表面时，在微小的水滴边缘折射
出不同波长的单色，这些单色逐渐扩散开来，
就出现彩色光环，国内外很多地方都有，但
不像峨眉山这样平均每年出现八十多次，有
时延续一两个小时，所以想看佛光就去峨眉
山。由于它是佛教名山，又是普贤菩萨的道
场，所以这些光环被称为"佛光"。清代谭
钟岳有诗云："非云非雾起层空，异彩奇辉

峨眉山金顶仿佛云海中的小岛

迥不同。试向石台高处望，人人都在佛光中。"

范成大在《峨眉山行纪》中提到的"乙夜灯出"，也是峨眉山的一大奇观，即"神灯"。每当在月黑风清的夜晚，雨过天晴之后，站在睹光台前远望山林，岩下幽谷可见一点光亮翩翩飞舞，起初只有几点，一会儿工夫就遍布山林，成群成片，像萤火、磷焰，又如繁星，"时而散舞，星星点点；时而相聚，网网团团，令人眼花缭乱，心动神摇"。这种现象，被称为"万盏明灯朝普贤"。更有人将其喻为一盏盏神秘的"圣灯"。当然，这盏盏灯火，既不是来自于阴间，也不是来自于神灵，而是大自然中的磷化氢燃烧所致。这一带分布有较广的含磷地层，磷化氢在空气中极易燃烧，从而出现了这种一光如豆，转而呈万斛珠玑的"万盏明灯"的奇幻景观。

峨眉金顶四大奇观虽说都有其自然界的成因，但因其神幻似的美妙以及人们丰富的联想，使这里有了人间仙境似的韵味。

（二）峨眉十景

清光绪十三年（1887 年），四川总督丁宝桢奉旨命画师谭钟岳绘制峨眉山图。谭钟岳遍访全山，历时半载，绘图六十四幅，印

峨眉山清音阁牛心亭

成《峨山图说》一书。其中"撮其景之最胜者胪为十幅",并题诗十首,取名"峨眉十景",即圣积晚钟、萝峰晴云、双桥清音、大坪霁雪、洪椿晓雨、九老仙府、象池夜月、金顶祥光、白水秋风、灵岩叠翠。金顶祥光即佛光,在前面已有所叙述,在此不再重复。

圣积晚钟 '晚钟何处一声声?古寺犹传圣积名。纵说仙凡殊品格,也应入耳觉清心。"从清人谭钟岳这首《圣寺晚钟》诗,可看出该景观绝妙之处,不在古寺犹传圣积名，而在钟声入耳觉清心。清人王日曾在《巨钟》一诗中也咏赞这一钟声："万金熔铸自何年？长作龙吟散晓烟。留镇山门开觉路，声声高澈大峨巅。"圣积寺，古名慈福院。位于峨眉城南 2.5 公里处，为入山第一大寺，环境幽古。寺外有古黄桷树二株，围可数人合抱，从报国寺向此远望，两株黄桷似一头大象。寺内文物众多，以普贤骑象铜像、八卦铜钟、铜塔等最著名。八卦铜钟原悬挂于寺内老宝楼上，又名圣积铜钟，是四川最大的铜钟，素有"巴蜀钟王"之称。铸于明代嘉靖四十三年（1564 年），为别传禅师所募化。此钟铜质坚固，重达 1.25 万公斤。民间传说：当年，别传禅师募铸好铜钟后，悬挂

峨眉山 "圣积晚钟"

于圣积寺钟楼上，嘱咐弟子说："我去外地云游，三天之后，尔等始可敲钟，切记！"谁知和尚离寺不久，一小沙弥极想聆听钟声，不顾师父的叮嘱，抢起钟锤便敲，"当"的一声，洪亮的钟声在空中回响，山谷齐鸣，越传越远，一直传到和尚的耳朵里。此时老和尚才走出 30 华里。一听钟声，神色大变，惋惜地说："如果三天之后再敲钟，那钟声将会随我传到已走三天路程的地方啊！"僧人们对声如龙吟、入耳清心的铜钟，在敲打时间和方式上颇有讲究。据民国二十四年（1935 年）出版、赵循伯编撰的《峨眉山》载："其钟每于废历（即夏历）晦望二日之夕敲击。击法有'慢十八、快十八'之分，随击随念钟偈，每四字一句，每四句一击，凡百余击始止（一说为一零八击），每一击，声可历一分零五十秒。近闻之，声洪壮；远闻之，声韵澈；传静夜时可声闻金顶。"民国二十五年（1936 年）出版的刘上熹的《峨眉导游详记》也说：每月朔望之头夜乃击之，一年之中仅叩二十四次。所谓晚钟者，因和尚于九点后执灯上楼，口诵经偈，俗云钟句子。初则念一句，则叩钟一次，每句四字，念毕

峨眉山"圣积铜钟"

圣积晚钟亭

则叩，始缓叩，入后每字一叩，愈念速，则
叩愈急。缓十八，急十八，叩至三遍，曰三
叩，每叩须诵全文，三次叩钟，共有百零八捶。
钟声异常宏壮。另载，晚钟每次叩108次与
我国古代的物候历有关。物候历以五日为一
候，三候为一气，一年分二十四个节气，共
七十二候。每候以一个物候现象相应，叫"候
应"。以每年12个月、24节气、72候应相加，
其总和正好是108。钟体内外刻有《阿含经》、
佛偈、《皇图》、《洪钟疏》和《圣积寺钟铭》等，

共 61600 多字，为研究中国佛教史特别是峨眉山的佛教起源，提供了宝贵的资料。

清代圣积寺废祀后，铜钟移存他处。民国初年尹昌衡任四川总督时，财政困难，为铸铜元，将此钟运往成都，在顶部打了一条裂口，准备熔铸。峨眉僧人赴省据理力争，才得以重返。1958 年大炼钢铁，又有人想砸碎丢进炼铁炉，刚打了一个洞，被峨眉县政府发觉，下令制止。1959 年，圣积寺废，钟搁置于道旁。1978 年，峨眉山有关文化部门将铜钟迁移到报国寺对面的凤凰堡上，并建亭覆盖维护。凤凰堡上参天蔽日的苍杉翠柏，庄重典雅的八角攒

据说峨眉山的钟声异常宏壮

峨眉山清音阁

尖钟亭，环绕四周百余通碑刻的古碑林，与古拙凝重的巨钟浑然一体，融和了自然美与人文美，不失为一大景观。好事者将前诗略加修改，以示其盛概："凤凰堡上柏森森，晚钟犹长作龙吟；纵说僧俗殊信仰，一样入耳觉心清。"

双桥清音 清音阁地处峨眉山上山下山的中枢，与龙门洞素称"水胜双绝"。清音阁初建于唐，北宋三藏大师继业重建，曰前牛心寺，明初禅隐于此的广济大师，取晋人左思《招隐士》诗中"何必丝与竹，山水有清音"之意，更名为清音阁。阁前明代接王亭之侧，有明人彭瑞吾书刻的"万古清音"石碑。面对清音阁，展开的是一幅青绿山水画卷，浓绿重彩，精工点染。高处，玲珑精巧的楼阁居高临下。中部，是丹檐红柱的接御、牛心二亭，亭两侧各有一石桥，分跨在黑白二水之上，形如双翼，故名双飞桥。近景，则为汇合于牛心亭下的黑白二水。右侧黑水，源出九老洞下的黑龙潭，绕洪椿坪而来，流经15公里，水色如黛，又名黑龙江；左侧白水，源出弓背山下的三岔河，绕万年寺而来，流经15公里，水

清音阁牛心亭

色泛白，又名白龙江。滔滔白浪，冲击着碧潭中状如牛心的巨石。山水相连，红绿对比，组成独具特色的寺庙山水园林环境。园林学家称它是"有声的诗，立体的画"。牛心石黝黑光亮，凝聚着两亿多年的历史和生命，任黑白二水汹涌拍击，仍巍然不动。惊涛拍石，发出阵阵的轰鸣，声传四周的深谷幽林之中，恰如古琴弹奏，时而清越，时而深沉，时而激昂，任人领略"清音"之趣。惊涛拍石，激起飞花碎玉，洒珠喷雪，水面上一派似雾非雾的水珠，飞腾于空中，跌落在水里。阳光映射，双飞桥在水雾中恰似两道五色缤纷的彩虹。"双飞两虹影，万古一牛心"。戊戌

双飞桥及牛心石

六君子之一的刘光第的联语，用传神之笔描绘出"双桥清音"的风韵。谭钟岳的纪游诗《双桥清音》云："杰然高阁出清音，仿佛神仙下抚琴。试立双桥一倾耳，分明两水漱牛心。"近人林藜有诗赞道："峨眉山水有清音，响彻双桥若瑟琴。黑白二江流不住，千年砥柱一牛心。"月朗风轻之夜，山色朦胧如黛，万籁俱静，唯有悠扬清越的水声回荡在无穷的空间。坐在水潭前的洗心台上，人们仿佛进入了一个"清音"化的世界。静听清音，人的心灵因之而宁怡，而超脱，忘却自己的存在，仿佛自身与大自然融合为一，化作声声清音，萦绕于太空。明代嘉州名士安磐游

峨眉山牛心石

览到此，流连忘返，写下《留别双飞》七绝一首："倒雨青霜透葛衣，鸟啼山暝坐忘归。城南一枕松堂月，还借涛声入梦飞。"在清音阁，可看到山光水色，闻到花草芬芳，听到流泉清音，触摸到亭台碑石。2004年，在两江相汇而成的宝现溪上筑坝抬高水位，形成清音平湖，青山倒映，杉柳环岸，林下水声喧鸟语，落日楼台一笛风。与清音阁相连的明代功德林，数万株桢楠"片片绿云带春烟"。相传白蛇白素贞修炼的白龙洞也在附近。寺宇、亭台、桥梁、游道、溪流、树林和云岚，巧妙地组成了浑然一体的山野佛寺园林，自然美与艺术美相融合，它集中了视

双飞两虹影，万古一牛心

觉美、听觉美、嗅觉美，有如立体的画、
有声的诗，最能代表峨眉山幽静的一面，
能使游者获得峨眉风光总体的审美感受。
古今游人多称誉其为"峨眉山第一风景"。
若是"中宵卧听泉鸣急，洗尽尘心即佛心"，
让人忘却尘世纷扰，涤尽荣辱爱恨，顿悟
人生，似乎与大自然融为一体了。

象池夜月　峨眉山月，自古留名。观
月的最佳地方是在报国寺、萝峰顶、万年
寺、仙峰寺和洗象池等地，赏月的最佳
时令是在秋天。历代文人雅士不乏吟咏峨
眉月的诗句，如"依依向我不忍别，谁似
峨眉半轮月"（陆游）；"愁中巫峡暮云合，

普贤菩萨身骑白象，象征愿行广大、功德圆满

望里峨眉秋月斜"（王士祯）；"飞来一片月，相忆卷帘看"（朱彝尊）；"佛灯寒照寂无声，云翠四围山吐月"（刘豫波）。而"象池夜月"是峨眉十景中最富有感情色彩的一景。天花禅院旁有一直径约三四米的六边形明月池。相传当年普贤菩萨骑象上金顶，曾在池中汲水洗象。乾隆年间，僧人塑一石象置池畔，又安放与大象脚印相仿的石板，增强了传说的真实性，于是改称洗象池。这里海拔2070米，居峨眉山之腰，无边的林海净滤了空气，天空澄碧，月从墨黑挺拔的冷杉树梢升起，格外明净清朗，真是"月到此地倍有辉"。

据民国三十六年（1947年）中国文化服

务社印行的黄大受的《峨眉风光》一书剖
析："峨眉山看月最好的地方，是洗象池，
因为洗象池上去还有山，背后也是山，只
有前面开阔，附近树木也多。金顶虽然高，
可是没有陪衬，只是对天看月；洗象池以
下，山峰重叠，树木太多，风光不及洗象
池观月是十全十美。所以'象池夜月'，
成了峨眉十景之一，有些和西湖的'平湖
秋月'比美呢！"每当月夜，云收雾敛，
遥天一碧，万山沉寂，秋风送爽，一轮明
月斜嵌在洁净无云的蓝空上，唯有英姿挺
拔的冷杉林，萧萧瑟瑟，低吟轻语。月光

峨眉山十景之一的"象池夜月"

峨眉山的风景名胜

透过茂密墨绿的丛林，大雄殿、半月台、洗象池、初喜亭、吟月楼，沉浸在朦朦的月色里，肃穆，恬静。月光下，古刹似一侧卧的大象头，蓝天映衬，剪影清晰。大殿似额头，两侧厢房似双耳，半月台下的钻天坡石阶，又好似拖长的象鼻。不知是巧合，还是寺庙设计师的匠心独具。

皓月高悬，满天清晖，千山月色，柔和似水，游者仿佛步入广寒天宫。峨眉山上月，千里若为看。依旧峨眉山，明月照清澈。明末清初的大思想家顾炎武，面对峨眉月，也感情激发地留下"洗象池边秋夜半，常留明月照寒林"这诗情并茂的联语。

峨眉山报国寺

峨眉山
070

月移中天，六方小池内，一汪清泉，一轮明月恰好映在池中，两月相对，天上人间，浑然一体。传说诗仙李白死于"水中捞月"，这仅是传说故事，但他最爱月亮，特别是峨眉山月使他眷恋一生，情意相连却是真实的。诗人离开蜀地，辞亲远游，在平羌江上吟出"峨眉山月半轮秋，影入平羌江水流"（《峨眉山月歌》）的千古绝句。直到晚年流放归来，在异乡还吟诵着："我在巴东三峡时，西看明月忆峨眉。月出峨眉照沧海，与人万里长相随。"并引吭高歌："一振高名满帝都，归时还弄峨眉月。"（《峨眉山月歌送蜀僧晏入中京》）近年新修了待月亭，供游人观赏。有联咏颂道："色相久成空，招白云还山，猛抬头，见娟娟明月；声闻何用静，有青杉绕屋，又倾耳，听浩浩松涛。"

　　白水秋风　万年寺，晋时名普贤寺，唐时改为白水寺，宋为白水普贤寺，明万历年间又改名为圣寿万年寺。"白水为万年寺的代称。寺幽名白水，金碧绚中天。池面临三四，峰头对百千"（方孝孺《白水寺》）。寺内一池，名白水池，相传为唐李白听蜀僧浚弹琴处。李白在《听蜀僧浚

万年寺是峨眉山历史最悠久的古刹之一

雪压松枝，银装素裹

弹琴》诗中云："蜀僧抱绿绮，西下峨眉峰。为我一挥手，如听万壑松。客心洗流水，余响入霜钟。不觉碧山暮，秋云暗几重。"池内蛙鸣如琴，民间传说是蛙学得僧浚弹琴的高手妙法。万年寺的山景四季宜人，尤其是在秋天。每逢金秋，峨眉山下夏暑尚存，金顶三峰已初飘白雪，而位于中山地区的万年古刹，正处在一年中的黄金季节。从白水池畔四望，秋高气爽，蓝空分外明净、高远、辽阔。缕缕白云缠绕着寺后陡峭的观心坡，坡上绿叶、黄叶、红叶相间，与蓝天共一色。秋风吹拂着峰峦，摇撼着丛林，发出声声呼啸，片片橙红的枫叶在空中随风飞舞。应和着秋风，横穿古寺而过的涧溪潺潺低吟。流水，秋风，树涛，强声低音交错，如同一曲浑厚深沉而又流畅自如的森林交响曲，为飘飘红叶伴舞。清人刘儒在《大峨山》一诗中不忘赞美秋景："天下峨眉秀，乘云结胜游。龙吟千涧雨，树点万峰秋。"留存在古寺的诗文楹联碑刻，对万年寺秋色格外有情，明方孝孺曾有"林放到池月，风吹入户云"的诗句。无名氏有"百里名山通梵唱，万年秋色助诗吟"的对联；当代遍能法师的联语"自水秋风皆妙谛，琼楼玉宇不胜寒"，把万年寺秋景视作玄妙的境界。低首俯看白水池中，澄清的池水映着白云、青山的倒影。风平水静时，池中有山，山中有云，云中有水，分不清哪里是水，哪里是云。秋风乍起时，吹皱一池清水，吹动一池白云。此时，神与物游，心随景色而物化。清人窦镇在《万年寺》诗中感叹："四围烟绕山腰寺，一面窗收谷口云。白夜试寻明月畔，此中清景评谁分。"古诗云："三秋水净，白云轻飞;秋风号林，黄叶水。"这恰似"白水秋风"的题景诗。

洪椿晓雨　这是峨眉山洪椿坪特有的景观。以清幽静雅取胜的洪椿坪，坐落在群峰环抱之中。坪上，云雾丰盛，古木葱茏，山鸟长吟，涛声殷殷。清代，释永宣朝拜到此，以《洪椿坪》为题写道："穿萝觅径入椿坪，楼殿层层鹤篆清。因共雨花看贝叶，漫随山色听溪声。"洪椿坪建于明万历年间，原名千佛禅院，以寺外有三株洪椿古树而得名。寺中一联中说："大椿以八千岁为春，八千岁为秋。"典出自《庄子·逍遥游》。是以"大椿"来比喻洪椿树的古老和寺庙的历史悠久。清康熙年间，寺宇失火，至今屹立在山门外的一株

峨眉山十景之一的"洪椿晓雨"

峨眉山的风景名胜

073

干枯的洪椿树，就是那次火灾的痕迹。一株枯树，竟经历了数百年风雨剥蚀而不朽坏，实在是堪称奇迹！在寺外岐下，还有一株枝叶繁茂的洪椿树，据植物学家确定，也已有一千五百年的历史了。春夏雨后初霁的早晨，山野空气格外清新，微带凉意，寺宇庭院一尘不染，整洁雅致。此时，山林中，石坪上，庭院里，落起霏霏的"晓雨"。这"晓雨"，似雨非雨，如雾非雾，楼阁、殿宇、花木、山石、游人、影壁和壁上"洪椿晓雨"四个大字，以及庭院右侧的林森小院，一切都似飘忽在迷茫的境界中，呈现出一种虚无飘渺的朦胧美。游者或倚立庭院，或漫步寺外，

影壁上"洪椿晓雨"四个大字与庭院景致相得益彰

"洪椿坪"寺匾额

仿佛周身被"晓雨"润湿，但抚摸衣装，丝毫没有被雨水浸湿的痕迹，却顿感清凉和舒适。清康熙四十一年（1702年），康熙皇帝御赐"忘尘虑"匾额、"锡飞常近鹤，杯度不惊鸥"联；乾隆十年（1745年），乾隆皇帝题赠"洗钵泉和暖，焚香晓更清"联；乾隆五十五年（1790年）经峨云禅师扩建，成为山中大刹；民国二十八年（1939年）七月，国民政府主席林森在洪椿坪避暑期间，题赠"护国佑民""大雄宝殿"匾额和"洪椿坪"寺额，至今仍存。有乾隆皇帝题写的"性海总涵功德水，福林长涌吉祥云"对联。第一重大殿的门楣两侧，为清末四川什邡名士冯庆樾撰的"双百字联"："峰眉画不成，且到洪椿，看四壁苍茫；莹然天池荫屋，冷然清香当门，悠然象岭飞霞，皎然龙溪飘雪；群峰森剑笋，长林曲径，分外幽深。许多古柏寒松，虬枝偃蹇；许多奇花异草，锦绣斑斓。客若来游，总宜放开眼界，领略些晓雨润玉，夕阳灿金，晴烟铺锦，夜日舒练。临济宗无恙，重提公案，数几个老辈；远哉宝掌住锡，卓哉绣头结茅，智哉楚山建院，奇哉德心咒泉；千众静安居，净业慧因，毕生精进。有时机锋棒喝，蔓语抛除；有时说法传经，薄团参究。真空了悟，何尝障碍神通，才惑化白犬街书，野乌念佛，修蛇应斋。"其中"晓雨润玉，夕阳灿金，晴烟铺锦，夜月舒练"数句，描述的即是"洪椿晓雨"等洪椿坪诸景色。寺外山崖上的两株洪椿古树，一株仅存下段，枯而不朽，常被人视为"神树"；一株漂浮在"晓雨"的空濛里，树影婆娑，似灰绿的云团，又似层叠的浅山。雨因树更奇，树因雨更妙。所谓"晓雨"，科学家解释是雨后初晴时，山林中饱和的湿度，经过凉夜的冷却而蒸发不散的大气。"山行元无雨，空翠湿人衣"。唐代大诗人、山水画大师王维《山中》的这一佳句，再现了"洪椿晓雨"的意境。

九老仙府　九老仙府是仙峰寺与九老洞

山行元无雨，空翠湿人衣

峨眉山的风景名胜

的统称。"寺号仙峰，洞临九老；山迎佛顶，台接三皇"。仙峰寺第一座大殿前石柱上的这一幅石刻楹联，概括了"九老仙府"的主要景点。对旅游者最有吸引力的，是离仙峰寺右侧 0.5 公里的九老洞，全称九老仙人洞。相传九老洞是仙人聚会的洞府，许多神仙故事，给它蒙上了一层扑朔迷离的神奇色彩。洞位于仙峰寺右侧山腰，藤萝倒植，下临绝壁。洞口呈"人"字形，高约 4 米。洞内黝黑阴森湿润，能直立行走的通道仅 120 米，往前岔洞交错，深邃神秘，未探明前，人多不敢入内。九龙洞大门楹联是："问九老何处飞来，一片碧云天影静；悟三乘造空望

峨眉山九老仙府景观

峨眉山九老洞洞口景观

去，四山明月佛光多。"明崇祯年间，少詹事兼翰林院侍读学士胡世安三次游历峨眉山后，在《登峨山道里记》一文中说："最奇者，莫如九老仙人洞。昔黄帝访广成子天皇真人游此，遇一叟洞外，询'有侣乎？'答以'九人'。今名以此。"所谓九老，即天英、天任、天柱、天心、天禽、天辅、天冲、天芮、天蓬。明清以来的旅峨游记，多有"烛独行三十余里，闻鸡犬鼓乐声，蝙蝠如鸦扑炬"的叙述，语多矛盾。近人林散之的《九老洞》诗写道："山雨不可晴　秋径没蒿莱。大坪何兀兀，九老尤奇哉。洞古潜蛟螭，风云时徘徊。松翠自波涛，半空起层台。此中有驯猿，时时清啸哀。老僧唤之来，饲之以青梅。相依两摩挲，情好如婴孩。我叹天地间，万物何相催。人与物无连，物与人何猜。"九老洞位于九老峰下海拔1752米处。经过九莲池，前行约500米，穿过密密的杜鹃、箭竹林丛，便到了洞口。洞口高踞在仙峰岩，下临黑龙潭，有陡直的天然磴道通向洞中。磴道两侧有牢实的石桩护栏，接连洞口，使人感到险而不危。进洞130米，洞道平均高宽约四五米，宽适易行。人一进洞，洞内如乌鸦般的大蹄蝠、金丝燕，成群地向你扑来，使你冷汗如珠。过一会儿平静如故。再往前行，有石床、龙泉、仙桥……传说为仙人所造，实际为天生

峨眉山仙峰禅林

之物。主洞道尽头有一石龛，供着一尊神像。据《龙城录》一书记载，说他是公元8世纪中叶，隋代开皇年间眉州太守赵仲明，因治理岷江、青衣江、大渡河水患造福一方，老百姓拥戴他为主川之神，仙居其中，故供奉。民间又传说他为《封神榜》中的财神爷赵公明。再前行，为大小不同纵横错落的六十七个岔洞。九老洞为峨眉山著名的岩溶洞穴，在长达1500多米向下延伸的通道内，有一个全封闭型的观赏空间，它首先呈现出的是多变的空间美。第一段为浅部，人可直立行走。它有比较宽大的厅堂，廊道式洞穴，如水晶洞、燕子洞。第二段为中部，开始出现岔洞，至此仅能蛇行。这一段是九老洞的主体部分，多系网状交叉形的宫型洞穴，洞中有洞，洞下有洞，上下重叠，纵横交错，仅在洞穴交错处，形成较大的洞穴或竖井，如虎牙洞、石笋洞、迷宫洞。第三段为深部，主要是裂隙型洞穴，一条阴河时而沿裂隙渗出，时而蜿蜒隐入洞底。给人更多美感的是，洞壁和洞顶天然雕琢的岩溶造型，绚丽多姿，启发人们产生自由而丰富的愉快联想。洞内的石钟乳、石笋、石柱、石芽、石花等等，或如万剑悬垂，雨后春笋；或如巨型盆景，

峨眉山九老洞内景观

峨眉山灵岩叠翠景观

微型石林；或如奇花蕙草，异兽珍禽；或如仙女下凡，和尚念经……俨然是一座古朴而新奇、典雅而森严的艺术宫殿，令人惊喜异常。

灵岩叠翠　灵岩寺遗址位于高桥左侧，距报国寺西南5公里，相传为中印度僧人宝掌结茅处。隋唐年间创建，曾改名护国光林寺、会福寺。明洪武、永乐年间重建，仍称灵岩。明代是灵岩寺的鼎盛时期。谭钟岳的《峨眉图志》载："寺字四十八重，僧众千计，由山门至后殿有十余华里。"其规模之宏大，僧侣之众多，香火之旺盛，在峨眉山寺宇中首屈一指，故有"九处过堂（吃斋饭），十处烧香，烧香要骑马"的说法。殿字重叠，密林掩映，丹岩凝翠，呈现出灵岩层层叠叠的雄峙壮观，

"灵岩叠翠"便成为峨眉十景之胜。刘君泽在民国三十六年（1947年）出版的《峨眉伽蓝记》中，虽说"寺字四十八重，僧众千计，未免侈信"，但仍不能不承认："峨眉高峰俯，临殿阙，叠叠青翠，秀丽庄严，丘陵拥卫，山溪龙蟠，乔木千章，森森环列，我选胜地首数灵岩也。"古刹历经兵燹到20世纪60年代已全部毁坍。而"灵岩叠翠"的自然景色却依然如故，去灵岩，看叠翠，仍有"仿翠摹青情不尽"的感受。

峨眉山十景之一的"灵岩叠翠"

　　灵岩地处峨眉金顶三峰的后山麓。从灵岩寺遗址向北眺望，迎面便是一幅万山重叠的天然图画。近处，青嶂绵延起伏，茂林修竹，点缀其间；远处，万佛顶、千佛顶、金顶宛如巨型翠屏横亘天际，气象雄伟，三峰挺拔而柔和的轮廓线十分清晰。重重叠叠的波峰，由低至高，由近至远，青翠的山色由翠绿到黛青，到灰蓝，到灰白，层层深远开去，一直延伸到与蓝天的分界线，层次极为丰富，正如谭钟岳在另一首诗中写的："灵岩翠秀耸高台，遥望天门跌荡开。"金顶三峰的景色多彩多变。初春时，山麓盛开一片黄灿灿的油菜花，春意荡漾；山腰密叶繁枝，时如盛夏；半山上片片泛黄的树叶，似带秋色；

山顶却堆砌残雪，又像处在严冬。从山下观望峨峰三顶，有几处绝好的地方：在山东麓的连香坝，在低山的会灯寺，在中山的白龙洞古德林。但皆不如在灵岩遗址那样逼近、开阔，可从更深的层次上静观峨眉山另一美妙、奇幻的侧影，欣赏"叠"刚与柔、壮与秀相依互存的美，因而神思飘荡。明人章寓之的《游灵岩寺》道出这种心态："灵岩一径入青苍，雨后昙华隔水香。方外欲偷闲半日，绕廊翻觉觅诗忙。"

大坪雾雪大坪，危耸于黑白二水之间，一峰突起。位于峨眉山的中部，左与华严顶、

峨眉山金顶三峰景观

峨眉山大坪霁雪景观

长老坪、息心所、观心坡诸山比肩相望；右有天池、宝掌、玉女、呼应诸峰，四绕回环；牛心顶鼎峙于前；九老洞屏临于后，海拔1450米。山势险峻，孤峰脊岭，仅东北两侧各有一陡坡上下，东面蛇倒退险，北面猴子坡高，悬崖绝壁，行者如走在刀背之上，罕见人迹。峰顶平坦，林木蓊郁，云霞幻变。相传大坪有五奇："猴回娘家""蛇不咬人""黑虎巡更""乌鸦请客""仙姑弹琴"（弹琴蛙）。而自然风光还有一奇，即"大坪霁雪"，为峨眉山十景之胜。有诗为证："禅院清凉别有天，偶来净土识真禅。晴光晃映雪光朗，心目空明照大千。"

每年秋末，金顶开始飘雪。立冬一过，大坪已是雪花满山飞舞，纷纷扬扬，一株株挺立的常绿乔木，如琼枝玉叶，白塔凌空。严冬时，峨眉山处处雪树冰花，全山宛似银色世界。明代四川嘉定诗人蔡祯的《三峨雪霁》云："三峨天下壮，秀色接青旻。绝巘千秋雪，危峰百仞银。日临观宝气，云敛见仙人，中有蓬莱客，丹砂远俗尘。"吴祖光在《雾里峨眉》一文中评说："雪景最大特点是白雪压在绿枝上。在别的地方的冬天，雪下只有枯萎了的

峨眉山大坪霁雪一景

枝条。"经过一冬雪花的浓妆淡抹，大坪和周围的群峰，变成洁白的一片净土。赵循伯的《峨眉山》一书描述大坪冬景说："冬季晴雪初霁，杉条掩盖，咸如瑶树琪花。仰视则九岭冈如屏风九叠，横遮天半；俯眺青莲、白云、宝掌、天池诸峰，玉琢银妆，弥望一白，备极幽峭精绝之胜。晴雪初霁，伫立在大坪以上高海拔的山峰上，鸟瞰大坪是另一番幽峭精绝的冬景。大坪和环绕四周的群峰，组合成一朵庞大的雪莲花：大坪如同花芯，丛丛参天古树活像花蕊，周围的峰峦宛似一裂裂花瓣。这朵洁白的雪莲花，正展瓣吐蕊，盛开在峨眉山的腹部，盛开在广阔无

琼枝玉叶，银龙舞蛇

萝峰庵一景

垠的天地之间；冬阳下，白中泛红，温润晶莹，冷艳妖娆。倘若在后山的霁雪亭，倚阑静观，举目回望，游者如同身处于雪莲花之中，飘然有羽化成仙之感。""大坪霁雪"凝聚着峨眉雪的形色美。宋代诗人白约在其《游峨杂咏》中叹曰："岩静长留雪，山寒故放花。"

萝峰晴云　萝峰位于伏虎寺右侧，是伏虎山下一座小山峦。这里草丰竹秀，涧谷环流，古楠耸翠，曲径通幽。山峦上，数百株古松奇枝异态，苍劲挺拔，是峨眉山上少见的松树聚生地。山风吹过，阵阵松涛回荡在山谷之间，颇有"松威"气势。夏季雨后初晴时，烟云从涧谷袅袅升起，或从蓝空缓缓飘过，从密簇簇的松林中望去，变幻百出：有时朵朵白云从伏虎岭飘下，飘到萝峰顶上，飘到游人身旁，缠绕在松树之间，时而飞舞轻游，时而飘向岭下的峨眉平原，显示出峨眉云彩多变的流动美。"云从石上起，泉从石下落。多少游山人，长啸倚山阁。晓钟有云出，晚钟有云归。游人应未惯，忽讶云生衣"。明代文学家杨慎《归云阁》诗中所描绘的"云出云归"图，恰似萝峰晴云景象。归云阁即华严寺，已废，遗址距萝峰 1.25 公里。

萝峰晴云是美的，萝峰晴月也是美的。

明月升到山顶上时，蔚蓝色的天空，映衬着明月，看不出明月是嵌在蓝天上的，还是画在蓝天上的。月光照着松林，伴着松涛声，使人有一种洁净、清凉的快感。

萝峰也是鸟瞰峨眉平原的最佳所在。登峰远眺，峨眉平原的勃勃生机尽收眼底。当轻云从伏虎岭飘过萝峰，飘下峨眉平原时，游者身在云中，顿有天上人间之感。萝峰景色素为古人向往和留恋。清代康熙年间，太史蒋超仰慕峨眉山，看中萝峰的晴云烟岚，日落月升，便住在萝峰下的罗峰庵里，夜以继日，以病弱之躯，草成一部较完整的《峨眉山志》，给后人留下了一

峨眉山十景之一的"萝峰晴云"

峨眉山萝峰庵

份宝贵的文献。后蒋超也终老峨眉山了。罗峰庵，又名罗峰禅院，是一座雅致的小庙，已于 1987 年 6 月重建。翠竹掩映，帧楠蔽日，绝尘脱俗。门联一副："一尘不染三千界，万法皆空十二因。"庵后为新建的和尚塔，墓塔林立，庄严肃穆。峨眉山的高僧大师们，都把萝峰视为他们圆寂后的归宿地。谭钟岳的《萝峰晴云》咏史写景，眷恋舒卷的晴云："峰庵到此学仙余，太史虎臣曾结庐。跨鹤飞凫踪已渺，晴云一片卷还舒。"

峨眉派武术流传到今天，已经成为巴蜀武术的代名词，因其源头在峨眉山，故名。

（一）起源于春秋战国

五、峨眉派的武术源流

达摩祖师像

在我国武术界，峨眉派与少林派、武当派三足鼎立始于明代，而他们的历史渊源可以追溯得更为久远。可是，由于历史资料的匮乏，能够找到这三派起源的记载寥若星辰。目前关于这三派的起源，都只有传说。

少林派相传是南北朝时期来华的古印度高僧、中国禅宗始祖达摩创立的。武当派相传是明初著名道士张三丰所创。而峨眉武术的起源说法颇多，有的学者说是唐朝，有的说是元代。但是，有史料记载且广泛流传的说法是始于春秋战国时期的武士司徒玄空。据说当时有位武士名叫司徒玄空，号动灵子，耕食于山中，在与峨眉灵猴朝夕相处中，模仿猿猴动作，创编了一套攻守灵活的"峨眉通臂拳"，学徒甚多。由于司徒玄空常着白衣，徒众尊称他为"白猿祖师"或"白猿公"。2001年出版的《乐山志》卷五十三《人物志》记载：战国时，有白衣三者，号动灵，亦名司徒玄空，仿山猴动作创编"峨眉通臂"，攻防灵活，在峨眉山授徒甚众。1989年四川科技出版社《四川武术大全》称为"春秋战国白猿公，字衣三，即峨眉山的司徒玄空"。《中国武术史》记作"战国白猿，姓白名士口，字衣三，号动灵子"。据说司徒玄空还创编

峨眉山灵猴

了"猿公剑法"，与玄女剑法、越女剑法并称为当时的三大剑法，也成为剑法始祖。现"峨眉剑"正是根据此剑法发展而来的。明代抗倭名将唐顺之的《峨眉道人拳歌》中有两句"道人更自出新奇，乃是山中白猿授"，这与"白猿祖师"的说法一脉相承。

（二）自成体系于南宋

魏晋时期，道教和佛教先后传入峨眉山。道士们通过"吐纳、导引、坐忘、心斋、守一"等内练发门，达到意气相连、气神合一的境界，为的是祛病延年以求长生不老。僧人除了参禅打坐外，也常常练拳踢腿，舞枪弄棒，一为调节枯燥的经课，二为强身壮体，

峨眉山报国寺石狮

三为护院守寺。他们将道教的养生气功和山民的狩猎技艺杂糅在一起，开创了独树一帜的僧门武术。

到了南宋建炎元年（1127 年），峨眉山临济宗白云禅师创编了"峨眉临济气功"。据已故中国佛教协会副会长巨赞大师（1908—1984 年，江苏江阴人）研究考证，白云禅师原为道士，后皈依佛门。他精通医学，将阴阳虚实和人体盛衰之机理，与武术中的动静功法相融汇。这种集医、道、佛、武术精华于一身的独特功法有十二节，后人称之为"峨眉十二桩功"。在此基础上，后来又有人发展起了静功六大专修功：虚步功、重锤功、缩地功、悬囊功、指穴功、涅槃功。其中指穴功——三十六天罡指穴法最具威力。

南宋时期，峨眉山德源长老模仿猿猴腾跃翻滚动作，创编猴拳。因为德源长老眉毛纯白，人称"白眉道人"，故这种拳术也叫"白眉拳"，一直流传至今，现在广东、四川、香港、澳门和北美、欧洲的华人，都有练习的。德源长老还编写了《峨眉拳术》一书，从理论上对峨眉武术实践作了系统的总结。这本书是目前找到的有关峨眉派武术最早的文字资料。学者们认为，该书是峨眉派武术发展成熟并且自成体系的标志。

（三）鼎盛于明清

明清时，峨眉派武术进入鼎盛时期，英才辈出，高手林立，其拳法更为精湛，刀剑枪戟等十八般兵器的技法，也达到了炉火纯青、出神入化的地步。据说峨眉剑是僧人在"白猿二十四法"的基础上逐步完善的，动作严谨、招式凶猛、击法明快、

峨眉派武术在明清时进入鼎盛时期

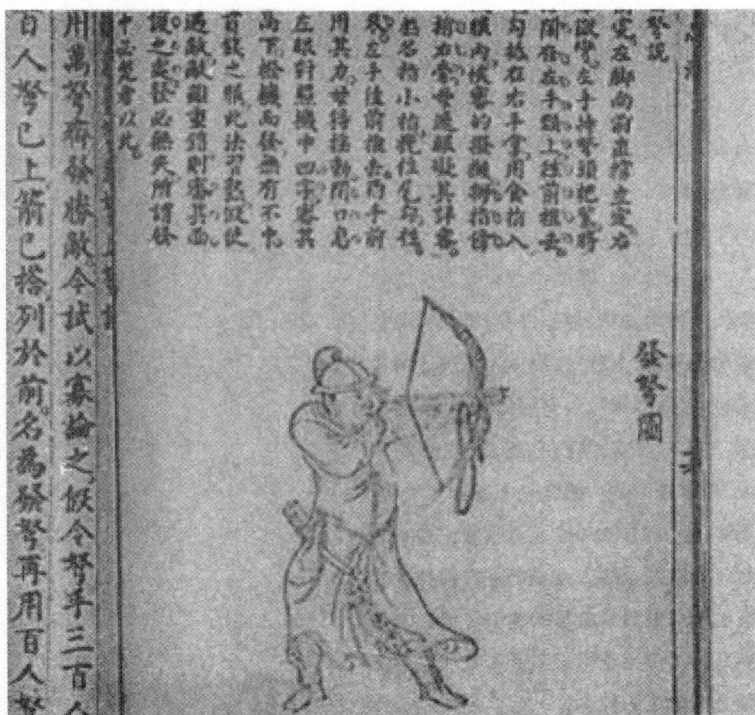

中国武术汇印本《耕余剩技》

以巧取胜。清末，清音阁李真法师内功深厚，剑术尤精，有"峨眉剑仙"之誉，其门人遍及陕甘。明代著名军事家、武术家程冲斗撰有《耕余剩技》，记述了"峨眉枪法""白眉棍法"等技艺。清康熙年间，吴殳（号仑尘子，江苏娄江人）著《手臂录》，精确地阐述了峨眉枪法等，其中写道："西蜀峨眉山普恩禅师，祖家白眉，遇异人授以枪法……莫与架病。枪法一十八扎，十二倒手，攻守兼备，破诸武艺。"在峨眉枪法中，有治心、治身、动静、攻守、审势、戒谨、倒手等技法，大大丰富了峨眉派武术的理论。

清代，峨眉僧道先后创编了浪子燕青拳、六乘拳、乌龙拳、八字拳、虎爪拳等。仙峰寺神灯长老和紫芝洞清虚道长，与大江南北、长城内外的各派武林高手交流，尔后回到峨眉山，苦心编出"峨眉子午门武术"，以其多在每天的子、午二时练习而命名，包括子午拳、子午枪、子午剑、子午刀等器械技法。

峨眉派中有一种独特的器具——峨眉刺，形似女人的发簪，在特定条件下可以当做刺杀武器；还有玉女拳等功法。有些武侠小说将这些神奇功法和器具加以演绎渲染，甚至借虚构的武林高手之口，推衍出峨眉派武术为某些尼姑、女侠开创，使不少人对峨眉武术源流产生种种误解，很需要正本清源。

在长期的历史演变过程中，峨眉派逐渐形成了自己的特色，与少林派、武当派相比较，最明显的区别在于它特别强调内外兼修，既重视内气的修炼，又讲究形体的结合，似快而慢，似柔而刚，刚柔并济，长短并用。少林派为僧人所创，武当派系

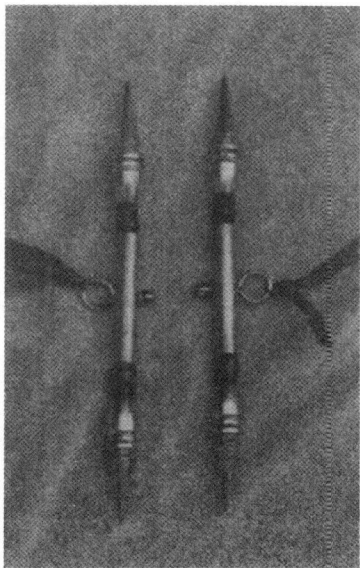

峨眉刺

河南嵩山少林寺

道士创编，而峨眉派是僧道共创，它在传承中善于吸收和融会其他门派的功法，也给其他门派输送了血液。他们在相互切磋中取长补短，不断推陈出新。隋末，云游到峨眉山的河南嵩山少林寺武僧云昙，就曾将少林拳法传授给峨眉僧人。明代洪武年间，著名道士张三丰曾到峨眉山传道，并向峨眉僧人学习火龙拳、通臂拳等，尔后回到武当山创编出内家拳。清乾隆年间，善擒拿术的江西武术大师杜观印，来四川传授"杜门拳"。光绪年间，广西桂林有姓周号大侠者到峨眉山与武僧共创"字门拳"。经过一代又一代巴蜀和其他地区武林人士的潜心研究、艰苦砥砺，峨眉派武术不断地发展、丰富、创新，逐步走向完善。

（四）弘扬于当代

清末以后，由于洋枪洋炮的输入，三大派武术都渐渐式微了，但是仍有许多民间人士以强身健体为目的而习武，只是越来越少了。1983年四川省体育运动委员会为抢救、挖掘和弘扬峨眉派武术，征集到许多武术资料，采访了巴蜀境内数千名六十岁以上的老拳师，对他们的技法进行录像，收集到了六十八个门派的两千三百六十八种徒手、器械、对练套路、练功方法和技击项目。当代峨眉派著名武僧海灯法师（1902—1989年，俗名范无病，四川江油人）曾在其家乡设馆授艺，培植了不少弟子。

峨眉神功在海外也有流传，现在英国、美国、加拿大、意大利等都有峨眉派武术馆。近二十年来，为振兴峨眉派武术，先后设立了四川省武术馆，先后设立了四川武术协会；乐山市、峨眉山市、夹江县、眉山市和成都市建起了多所武馆和武术学校；峨眉山市政府开始在中小学里推广武术操，从少年儿童抓起。也有不少外国青年到乐山、峨眉山学习峨眉派武术。峨眉武术表演团多次在峨眉山、乐山、成都、重庆、北京、深圳、香港和马来西亚等地表演，以彰显之。2002年9月，在峨眉山举办了"少林武当峨眉三大门派武术精英赛"，一时高手云集，赛事精彩纷呈。

2004年9月，香港武侠小说大师金庸到峨眉"中秋论剑"，看了峨眉派武术表演后，愧言以前不了解峨眉派，完全凭自己的想象描写峨眉派人物与技法，表示今后要对作品中的不适当之处，进行修改。

成立于2004年夏的中国峨眉武术研究

雪后的峨眉山金顶

峨眉派的武术源流

峨眉派武术文化博大精深

会，会员迅速发展到五百多人。他们正在认真整理峨眉派武术资料，研究弘扬之法，推广养生功，积极从青少年中培育武术尖子。我们相信，通过政府、社会、民间多方面共同努力，源远流长、博大精深的峨眉派武术一定能再创辉煌，与少林派、武当派并驾齐驱，使武术这一中华瑰宝得以发扬光大。

（一）佛教初传

关于佛教何时传上峨眉山，有汉代和晋代两种不同的说法。

汉代说主要依据有二。一是明末清初胡

六、峨眉山的佛教文化

金顶是峨眉山佛教文化的精华所在

世安《译峨籁·宗镜记》载："汉永平中，癸亥（63年）六月一日，有蒲公采药于云窝，见一鹿，异之，追之绝顶无踪，乃见威光焕赫，紫雾腾涌，联络交辉成光明网，骇然叹曰：'此瑞稀有，非天上耶？'径投西来千岁和尚告之，答曰：'此是普贤祥瑞，于末法中守护如来，相教现相于此，化利一切众生，汝可诣腾、法二师究之。'甲子奔洛阳，参谒二师，具告所见。师曰：'善哉，希有！汝得见普贤，真善知识。……菩萨依本愿而现相于峨眉山也。'"清《峨眉县志》续补"蒲公归而建普光殿。"以上是说，63年，药农蒲公见鹿迹，寻踪至山巅，抬头看到佛光，十分惊讶，向宝掌和尚请教，宝掌说是普贤祥瑞，请他向洛阳白马寺的腾、法二师进一步了解。他们也说是普贤菩萨现身于峨眉山。

依据二是因为在民国时期在邻近的乐山发现了东汉崖墓上有浮雕佛像。乐山众多崖墓的题刻中，有永平元年（58年）等年号，比建于68年的全国第一座佛寺——洛阳白马寺的年代还要早。因此，既然离峨眉只有30多公里的乐山有东汉佛像，那么东汉时期佛教传到峨眉山也是合理的了。

晋代说依据是铸于明嘉靖年间的圣积晚

钟铭文，在"皇图"栏中，刻了两晋至明代支持峨眉山佛教的帝王、官员和高僧名讳，第一行是"晋祖武帝　司空净禅师"。这说明主持铸钟的别传禅师认为峨眉山的佛教开始于晋代，是想告诉后人佛教在晋代时就已传上了峨眉山。

至于佛教到底何时传入峨眉山，还有待学者去考证。

（二）普贤道场

普贤是佛教传说中的人物，依梵文音译为"三曼多跋陀罗"，意译"遍吉"。据《悲

佛家把"银色世界"作为峨眉山的代称

峨眉山的佛教文化

阳光普照下的金顶雄伟辉煌

华经》介绍，普贤名泯图，又叫遍吉。传说他是古印度转轮圣王的儿子。"他入山求道，饥寒病疠，枯坐蒲团，是曰普贤。普贤者，苦行也。"佛经又说："普贤菩萨，证穷法界，久成正觉，为辅释迦，度脱众生，隐本垂迹，显菩萨相，其德无量无边，不可思议，今且约'普贤'二字，以示其概。"普贤与其兄文殊同为佛祖释迦牟尼的左右胁侍，与佛祖共奉一台，称"华严三圣"，因为他们崇奉的经书主要是华严经。在佛教中，文殊主智，重在阐述佛教理论，智之勇猛精进莫若狮，故文殊骑狮，称"大智文殊"。普贤主行，侧重实践愿行，行之谨慎静重莫如象，故普贤骑象，称"大行普贤"，其德无量无边不可思议，名号亦无量无边不可思议。他乘坐的六牙白象，在佛教中也有着特殊地位，称为"象王"，故普贤也叫做"象王菩萨"。

中国佛教说峨眉山是普贤的道场，依据是《华严经》："西南方有处名光明山，从昔以来，诸菩萨名曰贤胜，与其眷属？（门徒）诸菩萨众三千人，俱常在其中而演说法。"本来这里的"西南方"是指古印度的西南方，中国佛教徒借指为中国西南方，因为峨眉山昼有佛光、夜有圣灯，与"光明"相切，被称作"大光明山"，

今报国寺山门悬挂着"普放光明"巨匾。尽管经书上写的是"贤胜"，也把他当做"普贤"。唐代，禅宗完成了对外来佛教的中国化改造，于是唐代撰写的《杂花经》就明确地将普贤与峨眉山联系在一起："普贤于道场门化人天等众，现相海于峨眉山中，密引世人而通菩提觉性。"而且僧人还巧妙地将普贤菩萨的"云端现相"与佛光神应起来，将普贤的形象与峨眉山奇妙的自然景观相融汇，这是峨眉山普贤有别于其他地方普贤的独特性。

北宋朝廷对佛教颇为重视，在各地委派

峨眉山佛教文化在世界具有很强的影响力

峨眉山的佛教文化

峨眉山伏虎寺华严宝塔

了管理僧尼的官员，多方护持佛教。峨眉上的僧官住在白水寺。封建社会的历代皇帝，大多重视佛教在稳定社会、巩固统治中的作用，赵宋王朝也同样如此。据宋人释文莹《玉壶清话》记载：宋太祖于乾德六年（968年），"敕内侍张重进，往峨眉山普贤寺庄严佛像，因嘉州屡奏白水寺普贤现相也。"太平兴国四年（979年）嘉州通判王充奏："往峨眉山提点白水修造，忽见光相，寺内西南瓦屋山皆变金色，中有丈六金身普贤。次日中午，有二罗汉乘紫云行空。"接着，宋太宗召白水寺方丈茂真到开封，赐以袈裟、经书、法器等，又题诗赞誉。太平兴国五年（980年）正月，"敕内侍张仁赞往成都铸金铜普贤菩萨像，高二丈，奉安嘉州峨眉山普贤白水寺，建大阁以覆之。诏重修峨眉五寺"。这五寺就是供奉有普贤瑞像的白水寺、黑水寺、华严寺、中峰寺和光明院。茂真遂将白水寺改名为白水普贤寺。高二丈的普贤像如今仍在万年寺（古白水寺）里。它的奉安使峨眉山由唐时的"普贤境界"进而成为"普贤道场"。那铜像是普贤道场确立的标志，是皇家对此的承认。从此，峨眉山普贤道场与五台山文殊道场、普陀山观音道场和九华山地藏王道

场并称中国佛教四大名山。

普贤道场形成后，峨眉山寺庙大增，南宋范成大在《峨眉山行纪》中记载的寺庙就多达几十个。到了明代，峨眉山佛教进入鼎盛时期，清中期以后日渐式微，民国时期就衰落了。

（三）佛道并存到佛教盛行

峨眉山早期是道教尊奉的仙山，称第七洞天，是道教圣地。早在公元 1 世纪就建立了以峨眉山为中心的峨眉治。但是晋代以前峨眉山道教的活动情况，却无文献可查，仅有一些神仙的传说，如《搜神记》中说羌人葛由骑木羊上峨眉山成仙，汉人刘向《有像列仙全传》写有史通平、瞿武等人在峨眉山

祭拜普贤菩萨的香客不断

乘龙升仙等等。

　　据清《峨眉山志》记载：晋代有道士乾明，来峨眉修建了一座乾明观，它与青城山的祖师殿一样是四川境内最早的两座道观。乾明观的建立，结束了峨眉山中道士分散穴居野处的生活，是峨眉道教的一大飞跃。后来南朝宋代著名道士陆修静的到来，使峨眉山的道教有了新发展。

　　东晋时期，佛教传至峨眉山，打破了道教独占峨眉的局面。他们时而友好相处，时而明争暗斗。南朝宋文帝时期，原住宝掌峰的高僧明果，说服了乾明观部分道士皈依佛教，明果入住观中，改名中峰寺。于是后来便有了明果诛蟒救道的民间故事。

有唐一代，由于皇室追认老子李耳为祖先，唐高宗李渊、唐太宗李世民都笃信道教，唐玄宗李隆基前期也崇道，因而峨眉山道教在唐代得到迅速发展。开元十四年（726 年），峨眉道长王仙卿和青城山赵仙甫等一同到洛阳参加唐玄宗召开的全国道教大会。王仙卿返回后，即扩建宫观，广招门徒。唐武宗会昌年间灭佛，峨眉山佛教受到沉重打击。而此时也是峨眉山道教最兴旺的时期。唐僖宗时，慧通又中兴了佛教。

宋代，峨眉山被确立为普贤道场后，佛教占了优势。道教不甘式微，采取了"立仙祠、增仙迹、命仙洞"的方法与之抗争。尽管这是为了强调峨眉山本是道教的天下，但对宗教建设本身并没有什么实际意义，后来只好忍痛逐渐向二峨山紫芝洞一带迁徙。如今二峨山仍遗存有清虚楼、玉皇殿、三皇殿、老君殿和纯阳楼等遗迹。

明初，当过和尚的太祖朱元璋令宝昙法师往峨眉山重建铁瓦寺、普贤寺，英宗、神

东晋时期佛教传入峨眉山

宗更是多次赏赐经书、法器、银两，派大臣进香，以至于百里山峦寺庙广布，峰峰有普贤金像，处处缁流熙攘。万历十三年（1585 年），四川巡抚卫赫嬴为振兴道教修建了吕公祠。崇祯六年（1633 年），崇道的四川监察御史刘宗祥见该祠行将倾圮，不甘道教泯灭，于是捐金维修并扩建，改名"纯阳吕祖殿"。到了清代乾隆年间，峨眉山道士星散，僧人乘机占据道观，重修殿阁，改供佛像，但仍保留纯阳殿的门匾。至清末民初，二峨山的道徒也渐渐消失了。

华严宝塔

峨眉山虽然由佛教一统全山，但是佛教以宽容的博大胸怀，吸收了道教许多修身养性的理论，让道融于佛，并且山上许多地方继续沿用道家取的名字，如三仙洞、药王洞、纯阳殿、飞来殿等，留下了仙山福地的沧桑感。峨眉山的这一变化，是中国传统文化儒、道、佛相互融汇的典型表现。尽管峨眉山道教只剩下一些遗迹，但作为一种文化，仍然是宝贵的遗产。"山不在高，有仙则名"。正因为有了仙道佛菩萨，使得峨眉山雄奇秀丽的自然景观蒙上了一层神秘的色彩，同时也增添了扑朔迷离的魅力，才成为闻名世界的名山。

（四）峨眉山佛教佛事活动

峨眉山佛教文化源远流长，博大精深，如果想在短时间内了解佛教文化，最直接的方法就是了解寺庙里的佛事活动。峨眉山僧人严格遵照佛教仪规，坚持朝暮课诵佛节佛事活动。主要寺庙除定期举行法会外，还接办应缘佛事，即应信众要求在寺庙内举办"念普佛""放焰口""供天"等佛事活动。

峨眉山普贤文化节是峨眉山风景区管委会和峨眉山佛教协会每年定期举办的一个

展示峨眉山风景、人文、佛教的综合性仪式活动，其目的是通过一个仪式、两大法会，集中展示普贤菩萨精勤实践、体性周遍、随缘成德的品质，感受峨眉山佛教文化的博大与深邃。峨眉山普贤文化节于每年三四月份举办。

为重现大光明山"万盏明灯朝普贤"的盛况，让人充分感悟佛教圣地的绝妙与神奇，峨眉山佛教协会组织承办的"万盏明灯朝普贤"的佛事活动于每月的初一、十五及佛诞日当晚 8：00 到 9：00 在普贤道场的核心地点万年寺举办。

在佛教里边，传戒法会是属于最神圣，

普贤道场形成后，峨眉山寺庙大增

峨眉山一景

也是最隆重的一个法会。它的重要性就在于佛教的影响和传统能不能得以延续，法会起到了决定性的作用。根据佛教说法，戒是梵语"尸罗"的意译，意谓戒除恶行，促使身心清净。戒是一切善行的根本，是佛教徒修持的信条，在佛教修持中占有极为重要的地位，佛教徒历来"以戒为师"。传授戒法是使三宝住世、续佛慧命的大事，是为培育合格僧才，适应佛教教务管理和对外佛教文化交往的需要。所谓"传戒法会"，它针对的目标主要是出家人，受戒的出家人在经过学规仪（学习佛教正式的仪表和规范），并经过德高望重的老法师的验正以后，才能正式称之为"比丘"，否则就只能称之为"沙弥"。按照佛教的传统规矩，戒场的要求是非常严格的。传戒一般是不公开、不对外的。

（五）峨眉山佛教文化的影响和地位

峨眉山作为四大佛教名山之一，传名全国，受到各地佛教徒的礼敬巡行，表明了峨眉山普贤信仰在我国佛教信仰史上的重要地位和深远影响，它在促进我国佛教的民间化发展过程中发挥着重要作用。峨眉佛教文化

峨嵋山报国寺的三世佛像

也是我国传统文化的组成部分，有它自己
的特色和地位，这就需要我们弃其糟粕，
取其精华，继承宝贵的文化遗产，弘扬传
统文化。

峨眉山历史文化悠久，由多种文化组
成，具体地说，是儒释道三种思想文化的
综合体。道士僧人在家时，受到儒家思想
的熏陶，必然带进道观或佛门，并有所流
露。因此也可以说，峨眉山文化是儒释道
在峨眉山的一部融汇发展史，在众多的地
域文化中，别具一格。峨眉山佛教文化有

斑驳的青铜上刻满佛像

三大特色：峨眉山是普贤的道场，之所以地位崇高令人敬奉，主要是因为普贤的"十大行愿"精神，其要旨是教导众生一生行善，特别强调人人奉行人间无争执、和睦相处，这正是古往今来乃至后世的人们所追求的。另外峨眉山供奉的普贤艺术造像十分精美，工艺精湛，它和普贤的"十大行愿"精神一起造就了峨眉山佛教文化的特色之一。大量的佛教艺术和诗文也是峨眉山佛教文化的特色之一，大量的诗僧和文士们的诗文极大地丰富了峨眉山的佛教文化。可以说，峨眉山佛教文化是一部内容浩博、字数千万的巨著，是宝贵的文化财富。另外，峨眉山佛道相融的特殊局面，在国内其他地方是看不到的，这种少有的文化现象，对研究佛道历史和社会发展史学者来说，很有参考价值。

关于峨眉山佛教文化的地位问题，我们应从两个方面来谈，首先，从峨眉山佛教文化在中华佛教文化史上的地位来看，峨眉山不仅是蜀中高僧经常聚会、讲经说法的场所，也是全国各地一些高僧来礼敬普贤的圣地，因而峨眉山佛教在巴蜀佛教中占主导地位。不论在哪个朝代，峨眉山佛教兴旺，则巴蜀各地佛教盛行。反之，则蜀地佛教不振。

峨眉山金顶十面普贤菩萨塑像

在过去，佛教在某些时候能起到稳定人心的作用，故历代统治者大都利用佛教，支持佛教。巴蜀离历代京都较远，一旦发生暴动，鞭长莫及。故历代帝王除委派得力可靠的人治理蜀地外，还支持峨眉山佛教，借助佛教来稳定人心、稳定时局。自唐代至清代，帝王们对峨眉山佛教都有赏赐，以示关怀。帝王的支持，使山上佛事越来越兴隆，峨眉山佛教自然也成了蜀地佛教中心。

从全国范围来讲，峨眉山在四大佛教

峨眉山的佛教文化

峨眉山罗汉堂佛像

名山排列第三位，有"金五台，银普陀，铜峨眉，铁九华"之说，因而在全国佛教中地位显得十分重要。目前在四大佛山中，只有峨眉山被列入世界自然与文化遗产名录，从声望上来讲，峨眉山的名字又排在五台山和普陀山之前。普贤神光遍及五大洲，近二十年来，美国、日本、新加坡、菲律宾、马来西亚、印度、斯里兰卡等国都有佛教徒来朝拜，因而峨眉山佛教在国际佛教界声望很高，起着联结世界各国佛教友人的作用。峨眉山佛教文化不仅在中国，就是在世界上也很有影响。其次从社会地位或从旅游名胜区的地位来讲，峨眉山可同黄山、泰山媲美，它们都是世界自然文化遗产，成为国内外游人向往和旅游的圣地。当代人旅游，不单纯是讲求吃住玩乐，更侧重于在旅游中对文化的享受。旅游文化，可以开阔游人视野，陶冶游人情操，是高雅的文娱活动。神奇的峨眉山佛教文化以其特有的魅力吸引了许多中外游人。峨眉山不仅是四川旅游业的支柱，对当地经济的发展和增长做出了巨大贡献，而且对中外文化的交流也起到了一定的作用。